AF509528

EDICT DV ROY,
sur le faict des Duels & rencontres.

Publié en Parlement le 24. Mars 1626.

A PARIS,

Chez C. MOREL, & P. METTAYER,
Imprimeurs ordinaires du Roy.

M. DCXXVI.

Auec Priuilege de sa Maiesté.

LOVIS par la grace de Dieu, Roy de France & de Nauarre, A tous presens & à venir, Salut. Comme il n'y a rien qui viole plus sacrilegement la loy de Dieu que la rage effrenee des duels, ny qui soit plus contraire à la conseruation & augmentation de nostre Estat, en ce qu'il se perd par cette fureur grand nombre de nostre Noblesse qui en est vne des principales colomnes, Aussi Nous auons iusques icy recherché tous les moyens à Nous possibles pour en arrester le cours par la terreur des peines rigoureuses, & chastimens exemplaires, imposez à ce crime par nos precedens Edicts : Mais d'autant que la qualité desdites peines est telle qu'aucuns de ceux qui ont l'hon-

neur d'approcher plus prés de noftre
perfonne, ont pris fouuent la liberté
de nous importuner pour en moderer
la rigueur en diuerfes occafions : Ce
qui a faict que les coulpables qui ont
par cette faueur & confideration ob-
tenu fur ce nos Lettres d'abolition,
font demeurez entierement impunis,
contre noftre intention, & que d'ailleurs par la conceffion de ces premie-
res graces particulieres nous auons e-
fté n'agueres d'autant plus obligez de
deferer à l'inftante priere qui nous en
a efté faicte de la part de noftre tres-
chere & bien amee fœur, la Royne de
la grande Bretagne fur le point & en
confideration de fon mariage, & des
graces, allegreffes & contentement
public qu'en ont deu receuoir tous les
peuples de nos Royaumes, d'accorder
vne abolition generale de tous lefdits
crimes pour le paffé. Defirant reme-

dier & pouruoir de nouueau à ce que
telle fautes ne ʃe commettent cy aprés
ʃur l'eʃperance d'impunité, & meʃme
preuenir & empeʃcher la licence &
l'effect de toutes les prieres ou impor-
tunitez qui nous pourroient eʃtre fai-
ctes pour exempter les coulpables du
chaʃtiment qu'ils auront merité, Nous
ʃans reuoquer nos precedens Edicts
pour l'aduenir, Auons aduiʃé & reʃolu
d'eʃtablir & impoʃer nouuelles peines,
d'autant plus conuenables aux fins que
nous nous propoʃons, qu'eʃtans moins
rigoureuʃes il ʃera moins loiʃible de
nous requerir & importuner pour en
deʃcharger les coulpables, qui n'en
pourront iamais eʃtre diʃpenʃez pour
quelque cauʃe & par quelque voye
que ce puiʃʃe eʃtre.

I.

A ces cauʃes de l'aduis de la Royne noʃtre tres-honoree Dame & me-

re, noſtre tres-cher & bien amé frere le Duc d'Anjou , Princes de noſtre ſang, autres Princes Officiers de noſtre Couronne, & autres principaux de noſtre Conſeil, Nous auons en la faueur & conſideration de noſtre tres-chere & bien amée ſœur la Royne de la grande Bretagne, remis, quitté, pardonné & aboly: remettons, quittons, pardonnõs & aboliſſons, les cas & crimes commis par cy deuant contre noſdits Edicts des duels & rencontres: Remettons les coulpables en leur bonne fame & renommee & en leurs biens, meſmes ceux' ou heritiers d'iceux contre leſquels ſeroient interuenus Arreſts de condamnation en nos Cours Souueraines par defauts & contumaces , & impoſons ſur ce ſilence perpetuel à nos Procureurs Generaux, leurs Subſtituts & tous autres, ſans preiudice toutefois des dons par

nous faits des confiscations à nous ac-
quifes , & à la charge que ceux qui
s'eftans battus auront tué, & font en-
core à prefent viuans, feront tenus de
prendre Lettres particulieres d'abolition de Nous, les faire enregiftrer en
nos Parlemens,& de fatisfaire aux parties ciuiles s'il y efchet. Ordonnons
que tous ceux qui tomberont à l'aduenir dans ce crime foient appelans
ou appelez,nonobftant quelques Lettres de grace ou pardons qu'ils puiffent obtenir de Nous par furprife ou
autrement,demeureront dés lors priuez de toutes leurs charges s'ils en ont,
aufquelles à l'inftant fera par nous
pourueu, & pareillement defcheus de
toutes penfions & autres graces qu'ils
tiendront de nous,fans efperance de les
recouurer iamais,& qu'en outre ils feront punis felon la rigueur de nos E-
dicts precedens , ainfi que les Iuges

verront que l'atrocité des crimes &
circonſtances d'iceux le pourront meriter : laiſſant à la religion de noſdits
Iuges d'infliger plus grandes peines ſe-
lon qu'ils iugeront en leurs conſcien-
ces, ſans neantmoins que la moderatiō
des peines cy aprés exprimees, ſe puiſſe
eſtendre ſur ceux qui contreuenans à
cet Edict auront tué, auquel cas nous
entendons que la rigueur de nos precedens Edicts ait lieu.

II.

Et en cas que ceux qui nous auront
contrains de les priuer de leurs charges s'en reſſentent enuers ceux que
nous en aurons pourueus, & les appel-
lent ou excitent au combat, ſoit par
eux meſmes ou par autruy , par rencontre ou autrement, Nous voulons
que telles gens & ceux dont ils ſe ſer-
uiront ſoient degradez de Nobleſſe,
declarez infames & punis de mort, ſans
pouuoir

pouuoir iamais eftre releuez defdites peines par aucunes de nos Lettres, auf-quelles nous defendons tres-expreffé-ment à nos Officiers d'auoir efgard, fi tant eft que par furprife ou autrement ils vinffent à en obtenir.

III.

Voulons auffi que le tiers des biens des appellans & appelez demeure con-fifqué, moitié aux Hofpitaux qui fe-ront eftablis dans les Prouinces pour les foldats eftropiez dont nous char-geons nos Procureurs Generaux, leurs Subftituts, & tous ceux qui auront charge de l'adminiftration defdits Hofpitaux, de faire foigneufe recher-che & pourfuitte, à peine d'en refpon-dre en leur nom : en confideration de quoy Nous ordonnons que leur actió dure pour le temps & efpace de vingt ans, quand mefme ils ne feroient aucu-ne pourfuitte qui la peut proroger, &

B

l'autre moitié applicable à nous pour
en difpofer, foit en faueur defdits Hofpitaux ou autrement, ainfi que nous
verrons bon eftre, le quart de noftre-
dit demy tiers prealablemét pris pour
les delateurs: Et au cas que lefdits coulpables fuffent trouuez dans noftre
Royaume pendant les trois ans de leur
banniffement, Nous voulons qu'vn
autre tiers de leur bien foit pareillement confifqué pour la fufdite con-
trauention & infraction de leur ban,
applicable comme deffus, moitié à
nous, & l'autre moitié aufdits Hofpitaux, le quart du premier demy tiers
prealablement pris pour les delateurs,
& qu'en outre à la diligence de nos
Procureurs Generaux ou leurs Subftituts fur la premiere delation qui leur
en fera faicte ou aduis à eux doné defdites infractions de ban, les coulpables foient mis & retenus prifonniers

iusques à la fin dudit banniſſemẽt :
enjoignant pour cet effect aux Gouuerneurs, Lieutenans Generaux, Bail-
lifs, Seneſchaux, Gouuerneurs particuliers de nos villes, & Preuoſts des
Mareſchaux,de leur donner main for-
te à l'execution de ce que deſſus, toutefois & quãtes qu'ils en ſeront requis.

I V.

Et bien que les appellans & appellez
eſdits duels ſoient tous coulpables,ce-
luy qui prouoque eſtant principal au-
theur du crime de tous les deux,Nous
voulons qu'outre les peines cy deſſus
ſpecifiees, tout appellant ait trois ans
de banniſſement , & qu'au lieu d'vn
tiers de ſon bien,il en perde la moitié,
applicable comme deſſus,ſans preiudice auſſi de plus grande peine, ſi nos Iuges ordinaires iugent l'atrocité du cas
le meriter.   V.

Et pource qu'il eſt diuerſes fois ar-

riué qu'aucuns pour euiter la rigueur
des peines que nos Edicts impofent à
tels crimes, ont recherché l'occafion
de fe rencontrer pour couurir le deffein premedité qu'ils auoient de fe
battre, Nous voulons & ordonnons
que fi ceux qui auront eu querelle, differens, ou pretenduë offenfe de part &
d'autre, viennent à fe rencontrer, & fe
battre feuls ou en pareil eftat & nombre de part & d'autre, à pied ou à che-
ual, l'agreffeur foit fubiet aux mefmes
peines & rigueurs, tant de noftre prefent Edict que des precedans, encores
que d'ailleurs il ne fut pas verifié que
fon deffein fut premedité : & où l'a-
greffion ne fe pourra prouuer Nous
entendons que lefdites deux parties
foient également chaftiées, fauf s'il arriuoit combat en d'autres rencontres
de nombre inegal & fans precedente
aigreur à proceder contre les feuls a-

greſſeurs & coulpables,& les punir par
les voyes ordinaires.

VI.

D'autant auſſi qu'il s'eſt trouué d'autres nos ſubiets qui ayãs pris querelles
en noſtredit Royaume,& s'eſtans don-
nez rendez-vous pour ſe battre hors
ou ſur les frontieres d'iceluy, ont eſti-
mé par ce moyen pouuoir eluder l'au-
ctorité de nos Edicts, Nous voulons
que ceux qui tomberont en telles fautes ſoient pourſuiuis tãt en leurs biens
durant leur abſence, qu'en leurs perſonnes apres leur retour, tout ainſi &
en la meſme ſorte que ceux qui con-
treuiendront à ce noſtre preſent Edict
ſans ſortir de noſtre Royaume, les iu-
geans meſme plus puniſſables en ce
que le temps qu'ils prennent,leur don-
nãt lieu de cognoiſtre leur faute,la ſur-
priſe & les premiers mouuemãs qu'on
a dans la chaleur d'vne offenſe frai-

chement receuë ne les peut excuſer.

VII.

Et quoy que nous eſtimions que la publication de ceſtuy noſtre preſent Edict que nous voulons à l'aduenir eſtre inuiolable, empeſchera tous nos ſubiects de tomber és fautes, contre leſquelles il eſt faict, ſi toutesfois il arriuoit qu'ils fuſſent ſi miſerables que de ne s'en abſtenir pas, & que non contens de commettre tels crimes ſi enormes deuant Dieu & les hommes, ils y attiraſſent & engageaſſent encores d'autres perſonnes, dont ils ſe ſeruiroient pour ſeconds, tiers, ou autre plus grand nombre, ce qui ne peut eſtre faict par aucuns, que pour chercher laſchement dans l'adreſſe ou le courage & ſecours d'vn tiers, la ſeureté de leurs perſonnes, qu'ils veulent expoſer par vanité contre leur deuoir, ſoubs ceſte ſeule confiance. Nous vou-

lons que ceux qui fe rendront coulpables à l'aduenir d'vne telle & fi crimi-
nelle lafcheté, foient irremiffiblement
punis de mort, fuiuant la rigueur de
nos premiers Edicts, & des à prefent
declarons les appellans & appellez qui
fe feruiront defdits feconds, tiers, ou
autres, innobles, eux & leur pofterité
decheus de toute nobleffe, & incapa-
bles de toutes charges pour iamais,
fans que nous ny nos fucceffeurs les
puiffent reftablir & leur ofter la note
d'infamie, que iuftement ils auront en-
courue, tant par l'infraction de nos
Edicts, que par leur lafcheté: Nonob-
ftant toutes lettres de grace & de re-
miffion qu'ils puiffent obtenir de nous
au contraire, par furprife ou autremét:
lefdits feconds ou tiers, neantmoins
demeurans feulement fujets aux mefmes peines des appellez, finon qu'eux
mefmes euffent fait l'appel, auquel cas

ils seront punis des peines portées par ce present Edict contre les appellans.

VIII.

Nous voulons en outre & ordonnons que ceux qui possedent des biens à vie seulement sans aucun droict de proprieté, soient pour l'infraction du present Edict, outre les peines de ban portees cy dessus, au moins priuez pour cinq ans des deux tiers de leur reuenu, applicable moitié ausdits Hospitaux & moitié aux autres œuures pies, selon nostre disposition, sans preiudice de plus grandes peines si les cas le meritent.

IX.

Que tous les enfans de famille qui feront conuaincus de telles fautes outre les peines de priuation de toutes les charges, pensions & incapacité d'en tenir à l'aduenir, au lieu de trois ans de bannissement portez cy dessus, soient retenus autant de temps estroittement prisonniers.

X. Et

X.

Et afin que noftre prefent Edict
foit plus inuiolablement obferué,
Nous voulons que la mort foit irremiffiblement infligée à tous ceux qui
pour la feconde fois viendront à le
violer, comme appellans, de quelque
qualité & condition qu'ils puiffent
eftre.

X I.

Or bien que les crimes fufdicts
foient deteftables en toutes fortes de
perfonnes , y en ayans neantmoins
aufquels par diuerfes confiderations
ils font plus horribles, & requierent
par confequent vne particuliere, &
plus grande peine que les autres,com-
me és perfonnes qui les commettent
enuers ceux qui les ont nourris & efle-
uez, qui ont efté leurs Tuteurs, qui
font leurs Seigneurs de fief, qui ont
efté leurs Chefs, & leur ont comman-

dé, & specialement quand leurs querelles naiffent pour des fubjects de
commandement, chaftiment ou autre action paffee durant qu'ils auront
efté foubs leur charge, Nous voulons
& ordonnons que les coulpables def-
dicts crimes foient fans diminutió des
peines, cy deffus punis en outre en
leurs perfonnes fuiuant la rigueur de
nos Ordonnances & precedés Edicts.

XII.

Et s'il arriue qu'il y ait eu appel
duel ou combat, Nous voulons que
la cognoiffance & iugement en ap-
partienne à nos Cours de Parlement,
pour ce qui fera arriué és Villes où elles font fceantes, aux enuirós d'icelles,
ou bien plus loing entre perfonnes de
telle qualité & importance qu'ils iugent y deuoir interpofer leur authorité, & hors ces cas à nos Iuges ordinaires à la charge de l'appel : Auec

defenses à noſtre grand Preuoſt, ſes 2.11 Lieutenans & tous autres nos Pre-uoſts, Lieutenans de robbe courte, & autres Iuges extraordinaires d'en co-gnoiſtre, quelque attribution ou ad-dreſſe qui leur en peuſt eſtre faicte, declarant deſapreſent telles procedu-res nulles & de nul effect.

XIII.

Or parce que ce n'eſt rien de faire des Loix ſi on ne les fait religieuſe-ment, & inuiolablement obſeruer, pour rendre les peines ſpecifiees par le preſent Edict plus certaines & ineui-tables, & oſter toute eſperance de gra-ce & de faueur, Nous declarons de-uant Dieu & les hómes à la deſchar-ge de noſtre conſcience, que nous auons ſolennellement promis qu'en-cores que pour autres conſiderations, ou par importunité, nous nous peuſ-ſions cy-deuát eſtre relachez en quelques occasions particulieres, de remettre les peines de nos Edicts precedens, Nous n'accorderons iamais sciemment aucunes lettres pour remettre celles du present Edict, que nous auons faict iurer en nos mains aux Secretaires de nos Commandemens de n'en signer aucunes, & à nostre tres-cher & feal Chancelier de n'en point seeller, quelque expresse inionction ou commandement qu'ils en puissent receuoir de nostre part: ains refuser absolument tous ceux qui poursuiuront telles graces, nonobstant qu'ils exposent les faits comme douteux, & les deguisent pour les faire paroistre rencontre inopinée. Que nous tiendrons nos Conseillers pour preuaricateurs si iamais ils consentent au contraire, & manquent à nous aduertir en gens de bien de ce à quoy nous nous obligeons par le preſent Edict: Que nous auons defendu & defendons à toutes perſonnes de quelque qualité & condition qu'elles ſoyent, de nous faire aucune priere au contraire, en declarant infracteurs de nos Loix, ennemis de noſtre reputation, & indignes de noſtre bonne grace, tous ceux qui mediatement ou immediatemét l'oſeroiét entreprendre. Et pour empeſcher que les coulpables ne reçoiuent aucune faueur ou aſſiſtance, nous defendons à toutes perſonnes de quelque condition qu'elles puiſſent eſtre, de donner retraicte aux contreuenans à ce preſent Edict, à peine d'eſtre bannis pour vn an de noſtre Court: Et partant ſi aucunes Lettres contraires ſe trouuoient cy apres expediées, pour quelque cauſe & ſoubs quelque pretexte que ce ſoit, nous voulons qu'elles ſoyent nulles & de nul effect,

C iij

comme données par surprise, contre
nostre intention & nostre foy: Faisans
tres-expresses defenses à tous nos Iuges & Officiers ausquels elles seroient
addressées, d'y auoir aucun esgard,
sur les mesmes peines que dessus.

XIIII.

Et d'autant que quelques vns se
voyans appellez se pourroient enga-
ger au combat, non par seule fureur
& passion brutale, comme il arriue
souuent, mais par la crainte d'estre
soubçonnez de manquer de valeur
& de courage s'ils refusoiét d'y aller:
pour leuer ceste vaine apprehension,
& en outre recompenser le merite &
sagesse de ceux qui conduits par la rai-
son, par l'amour & crainte de Dieu,
ou par vn desir religieux d'obeyr à
nos Loix, refuseront le duel estans appellez, & se reserueront à employer
leur courage aux occasions legitimes

qui le peuuent requerir, pour le bien de noſtre ſeruice, & l'aduantage de noſtre Eſtat, Nous declarons que nous reputons & reputerons tou-ſiours tels refus pour marques & teſmoignage d'vne valeur bien con-duicte, digne d'eſtre employée par nous aux charges militaires, & plus honorables & importantes: Comme nous promettons & iurons deuant Dieu de les en gratifier tres-volontiers, quand les occaſions s'en offri-ront.

X V.

Et afin que ceux qui ſont offenſez ou croyent l'eſtre, ne ſe laiſſent tranſ-porter à la fureur de ce crime, ſoubs couleur de ne pouuoir retirer ſatisfa-ction des iniures qu'ils pretendroient auoir receuës: Nous enioignons aux Officiers de noſtre Couronne qui ſe trouuerót plus proches de l'offenſant,

& aux Gouuerneurs & Lieutenás Generaux de nos Prouinces, Capitaines
& Gouuerneurs particuliers de nos
Villes & Chaſteaux, que dans l'eſten-
duë de leurs charges, ſur les aduis qu'ils
auront des differens ſuruenus entre
ceux qui y font profeſſion des armes,
ou ſur les plaintes qui leurs ſeront fai-
tes par les offenſez, ils mandent & fa-
çent venir auſſi toſt deuant eux les offenſans, pour auec l'aduis de deux ou
trois Gentils-hommes voiſins, ſages
& bien ſenſez, ordonner vne ſatis-
faction ſi honorable à l'offenſé que
il ayt ſubject d'en demeurer con-
tant : eſtant neceſſaire pour empeſcher l'inſolence de ceux qui offenſent
trop legerement, de les chaſtier par
des reparatiós auſſi rigoureuſes à ceux
qui les font, qu'honorables à ceux qui
les reçoiuent. Et au cas que l'vn ou
l'autre ne veuille deferer à ce qui par
eux

eux aura esté arresté, ils seront par nos-
dicts Gouuerneurs, Lieutenans Generaux & Officiers susdits, renuoyez pardeuant nos tres-chers & bien amez
Cousins, les Connestable & Mares-
chaux de France, estant prés nostre
personne, ou aux Prouinces dans les-
quelles tels cas pourroient estre arriuez, Ausquels nous donnons de nouueau toute authorité de decider & iu-
ger absolument tous differends de ceste nature sur le point d'honneur, &
reparation d'offense, soit qu'ils soient
arriuez dans nostre Cour, ou en quelque autre endroict de nostre Royaume que ce puisse estre. Entendons
toutesfois que pour les differents arriuez en nostredite Court, & suire, nos-
dicts Cousins les Connestable & Ma-
reschaux de France qui s'y trouue-
ront en prennent les premiers co-
gnoissance, & pouruoyent selon l'or-

D

dre ſuſdict à tout ce qui ſera beſoin, ſans neantmoins que les offenſez, ou pretendans l'eſtre, leſquels pour les reparations deſdictes offenſes, ſoit à l'honneur, biens, ou autre intereſt, en voudront faire leur plaincte & pourſuitte par deuāt nos Iuges ordinaires, en puiſſent eſtre empeſchez, ny appellez pour ce à la requeſte des offenſans deuant noſdicts Couſins les Mareſchaux de France, Lieutenans ou Gouuerneurs de nos Prouinces, deuant leſquels ils ſeront ſeulement tenus de reſpondre aux plainctes que l'on voudroit faire d'eux, ſans preiudice de leurs actions iuridiques.

XVI.

Et au cas que leſdictes parties offenſantes refuſent de ſubir le iugement deſdicts Gouuerneurs de nos Prouinces & Villes, ou en leur abſence de leurs Lieutenans, Et que ſur ce

elles ne ſe pouruoyent pas ſur le ren-
uoy pardeuant nos Couſins les Conneſtable, & Mareſchaux de France:
Nous enioignons auſdicts Gouuerneurs & Lieutenans de les faire pour-
ſuiure, & apprehéder par les Preuoſts
de noſdicts Couſins, les Mareſchaux
de France, & les contraindre par toutes voyes de ſubir le iugement qu'ils
auront donné, voire meſme les met-
tre & retenir en priſon, iuſques à ce
qu'elles y ayent ſatisfaict, & les con-
demner à l'amende, & autres peines
qu'ils iugeront raiſonnables pour la
reparation de la deſobeiſſance & du
retardement.

XVII.

Et pour leur donner moyen de ter-
miner facilement tous differends de
ceſte nature, & de faire reparer toute
iniure, Nous nous obligeons d'accorder ſur leurs aduis, tout ce que noſtre

cõfciéce nous pourra permettre pour
la fatisfaction des offenfez : Voulans
que tout ce qu'ils prononceront tou-
chant le point d'honneur & reparation d'offenfe , foit fi religieufement
executé de toutes parts, que fi quel-
qu'vne des parties vient à y manquer , outre les peines de prifon & autres qu'ils leur pourront impofer, ils
foyent defcheus des priuileges de Nobleffe.   Enioignans pour cet effect à
nos Efleus, Officiers & Affeeurs des
Tailles,de les comprendre au roolle
d'icelles,& les taxer felon leurs facul-
tez ,fans vfer d'aucune conniuence
ny retardement, fi toft qu'ils auront
veu les Iugemens rendus par nofdicts
Coufins les Conneftables & Ma-
refchaux de France , & autres de
nos Gouuerneurs & Officiers cy deffus mentionnez : Sur peine aufdicts
Efleus & autres Officiers de nofdites

Tailles de priuation de leurs charges,
& d'en refpondre en leur propre &
priué nom, le tout comme dict eft,
fans preiudice des actions ciuiles que
les vns & les autres pourront auoir à
intenter ou pourfuiure deuant les Iuges ordinaires, par l'ordre & les for-
mes iuridiques. Lefquelles neātmoins
nous exhortons nofdicts Coufins &
autres qui feront employez au iugement des querelles & offenfes, de
compofer & accorder amiablement
autant qu'il fe pourra faire, pour ofter
toute occafió au renouuellement des
aigreurs & animofitez qui produi-
fent ces accidens funeftes.

XVIII.

Et d'autant que par la negligence
de nos Officiers fufdicts, lefquels nous
voulons vaquer affiduément à ter-
miner les querelles qui naiftront entre
noftre Nobleffe & autres gens faifans

profeſſion des armes, ou par la conniuence dont ils pourroient vſer pour
fauoriſer l'vne des parties, il pourroit
arriuer que noſtre intention n'auroit
pas l'effect que nous deſirons, veu que
l'execution d'icelle depend de leur
ſoin & de leur vigilance, Nous enioignons & tres-expreſſement commá-
dons tant à tous noſdicts Couſins les
Conneſtable & Mareſchaux de France, que Gouuerneurs & Lieutenans
generaux deſdites Prouinçes, de tenir
la main exactement & diligemment
à l'obſeruatió de noſtre preſent Edict,
ſans permettre que par faueur, conniuence & autre voye, il y ſoit con-
treuenu en aucune ſorte & maniere.

Sɪ ᴅᴏɴɴᴏɴꜱ ᴇɴ ᴍᴀɴᴅᴇ-
ᴍᴇɴᴛ à nos amez & feaux Conſeil-
lers les gens tenans nos Cours de Parlemens, Bailliſs, Seneſchaux & autres
nos Iuſticiers & Officiers qu'il appar-

tiendra, que le contenu en ces presen-
tes, ils facent lire, publier & enregi-
ſtrer, garder & obſeruer, gardent
& obſeruent inuiolablement, & ſans
l'enfraindre : CAR tel eſt noſtre
plaiſir. Et afin que ce ſoit choſe fer-
me & ſtable à touſiours, nous a-
uons ſigné ces preſentes de noſtre
propre main, & à icelles faict met-
tre & appoſer noſtre ſeel, ſauf en
autre choſe noſtre droict, & l'autruy
en toutes. DONNÉ à Paris au mois
de Feurier, l'an de grace mil ſix cens
vingt ſix. Et de noſtre regne le ſeizieſ-
me, Signé, LOVIS. Et plus bas, Par
le Roy, DELOMENIE. Et à coſté,
VISA. Et ſeellé du grand ſeau de cire
verte, ſur lacs de ſoye rouge & verte.

Et plus bas eſt eſcrit:

Leuës, publiées & regiſtrées, ouy &
ce requerant le Procureur general du

Roy, pour estre executées, gardées & ob-
seruées selon leur forme & teneur, &
coppies collationnées d'icelles enuoyées
aux Bailliages & Seneschaußées de ce
reßort, pour y estre pareillement leuës,
publiées, registrées & executées à la diligence des Substituts dudict Procureur general, ausquels enioinct d'y tenir la main,
& d'en certifier la Cour auoir ce faict au
mois. A Paris en Parlement le vingt-
quatriesme Mars mil six cens vingt six.

Signé,   DV TILLET.